AF496853

MUSÉE PÉDAGOGIQUE

ET

BIBLIOTHÈQUE CENTRALE DE L'ENSEIGNEMENT PRIMAIRE.

MÉMOIRES

ET

DOCUMENTS SCOLAIRES

PUBLIÉS PAR LE MUSÉE PÉDAGOGIQUE.

Fascicule nᵒ 9.

PROJET D'INSTRUCTION
POUR L'INSTALLATION D'ÉCOLES ENFANTINES MODÈLES

PRÉSENTÉ

À MONSIEUR LE MINISTRE

AU NOM DE LA SOCIÉTÉ DES ÉCOLES ENFANTINES.

PARIS.

IMPRIMERIE NATIONALE.

HACHETTE ET Cⁱᵉ,
ÉDITEURS,
Boulevard Saint-Germain, 79.

CH. DELAGRAVE,
ÉDITEUR,
Rue Soufflot, 15.

MINISTÈRE
DE L'INSTRUCTION PUBLIQUE, DES BEAUX-ARTS
ET DES CULTES.

PROJET D'INSTRUCTION

POUR L'INSTALLATION

D'ÉCOLES ENFANTINES MODÈLES

PRÉSENTÉ

À MONSIEUR LE MINISTRE

AU NOM DE LA SOCIÉTÉ DES ÉCOLES ENFANTINES.

PARIS.

IMPRIMERIE NATIONALE.

M DCCC LXXXVI.

NOTE

SUR

LA SOCIÉTÉ DES ÉCOLES ENFANTINES.

Au lendemain des désastres de 1871, une commission officielle nommée pour étudier les questions d'éducation nationale, se sépara après avoir rédigé un rapport. Mais les membres de cette commission, frappés de l'étendue des réformes à accomplir, restèrent groupés en *association pour l'étude et la propagation des meilleures méthodes d'enseignement*. Cette association, reconnaissant que la base de tout l'édifice scolaire était la « salle d'asile », résolut de commencer par là ses réformes.

La plupart des membres du Comité, entre autres la présidente, Mme Coignet, connaissaient la méthode Frœbel. Ils se placèrent sous le patronage de l'éducateur allemand et ils envoyèrent en Belgique et en Hollande des personnes chargées d'étudier l'application de ses procédés. Au retour, ils chargèrent ces mêmes personnes de diriger des écoles formées sur le modèle des *jardins d'enfants*. Ces écoles eurent leurs chauds partisans ; la Société fit une propagande des plus actives, et nombre de procédés empruntés à la méthode Frœbel (quadrillage, cubes, bâtonnets, dessins, etc.) pénétrèrent dans les écoles ordinaires. Mais ce n'était pas encore là le résultat souhaité par les membres de la « Société Frœbel » : ils voulaient transformer la salle d'asile en véritable *école maternelle*, et, loin de s'en tenir exclusivement aux modèles dits « Frœbel », ils étudièrent toutes les questions de mobilier et de matériel (1878). Enfin, la Société établit un programme pour le premier enseignement (1879), où les procédés de Frœbel étaient introduits concurremment avec les matières de préparation à l'enseignement primaire. Dès lors, la Société changea son titre de Société Frœbel contre celui de *Société des écoles enfantines* (1880). Les résultats de ces études pénétrèrent peu à peu dans l'Administration, et le décret du 2 août a sanctonné plus d'u des réformes demandées par la Société.

La mort de M. de Bagnaux, l'un des fondateurs de la Société et l'un de ses membres les plus actifs, amena un certain découragement dans le comité et dans la Société tout entière ; mais, grâce à la persévérance d'un certain nombre de sociétaires, l'œuvre a triomphé de ces difficultés, et les travaux commencés ont pu être poursuivis. Les récompenses obtenues aux expositions de Nice (1884), de Londres (1884), de la Nouvelle-Orléans (1885), ont justifié ces efforts; aussi, tout en continuant ses études, le comité a entrepris la propagande la plus active en faveur de ses idées sur l'éducation nationale.

Il a déjà exécuté ou mis à l'étude d'importants travaux: il a créé tout un matériel pour l'enseignement des écoles maternelles, un matériel pour jeux Frœbel et travaux manuels, des règlements et plans-types, qu'il a adressés au Ministre et qui font l'objet de la présente publication; il a en préparation une notice (avec catalogue) sur la décoration des écoles maternelles; il a soumis à l'expérience du comité des dames un règlement pour le patronage des enfants des écoles et un programme pour l'éducation maternelle libre.

Soucieuse, d'ailleurs, de préparer pour l'enseignement nouveau un personnel d'élite, la Société a fondé avec l'aide de l'État et de la ville de Paris le cours normal d'institutrices (écoles maternelles) situé 131, boulevard du Mont-Parnasse, à Paris. Chaque année, vingt ou vingt-cinq jeunes filles sortent de cet établissement prêtes à répandre les idées de la Société, tant dans les écoles publiques que dans l'enseignement libre.

Ces heureux résultats permettent d'espérer pour l'avenir un ensemble homogène de vues nouvelles dont l'enseignement national pourra tirer grand profit. La Société compte justifier ainsi la bienveillance des pouvoirs publics, qui ne lui a jamais fait défaut.

(Note du Comité.)

Paris, le 15 janvier 1886.

Monsieur le Ministre,

La Société des écoles enfantines, après avoir étudié et expérimenté les conditions nécessaires à la construction et à l'aménagement des écoles maternelles et enfantines, a réuni dans un projet de règlement les prescriptions qu'elle croit devoir recommander.

Elle a conservé en grande partie celles du règlement de 1880, tout en insistant sur certains points de détail qui lui paraissent d'une importance réelle, et en introduisant des améliorations pratiques et peu coûteuses. Enfin elle a fait exécuter, pour chaque catégorie d'écoles (50, 100 et 150 enfants), des plans-types réunissant toutes les conditions qu'elle recommande et qui ont obtenu des diplômes d'honneur aux expositions de Nice, de Londres et de la Nouvelle-Orléans.

A chaque plan sera annexé un devis qu'on travaille en ce moment à établir d'après les séries de Paris, et susceptible, par conséquent, d'un rabais important pour les écoles de province.

Votre administration, Monsieur le Ministre, a toujours témoigné à la Société une sollicitude dont elle est très honorée : aussi je m'empresse de vous adresser le projet de règlement ci-joint, avec les plans de l'école pour 150 enfants, dans l'espoir que ces documents pourront servir, à titre de renseignement, aux personnes préposées par vous à l'étude des questions de construction scolaire[1].

Veuillez agréer, Monsieur le Ministre, l'expression de mes bien dévoués sentiments.

La Secrétaire générale de la Société,

A.-M. Delabrousse.

---

[1] La Société tient à la disposition des personnes intéressées des reproductions des plans-types primés aux diverses expositions dans lesquelles ils ont figuré.

SOCIÉTÉ DES ÉCOLES ENFANTINES.

INSTRUCTION SPÉCIALE

*pour la construction et l'aménagement des Écoles maternelles
et enfantines.*

L'école maternelle et enfantine comprend :

1° Un jardin d'isolement entre la rue et le corps du bâtiment;

2° Un vestibule d'entrée, formant salle d'attente pour les parents;

3° Une salle de classe pour chaque degré d'enseignement dans les écoles de plus d'une maîtresse; une salle commune aux trois degrés dans les écoles à une seule maîtresse;

4° Un préau couvert et fermé avec dépendances pour lits de repos et lavabo;

5° Une salle de lavage;

6° Une cuisine;

7° Une cour de récréation, garnie d'arbres et de plantes, avec auges à modelage;

8° Un jardin spécialement réservé aux enfants;

9° Des privés et urinoirs reliés au corps de bâtiment par un abri continu, et isolés par un treillage garni de plantes;

10° Un logement pour la directrice, et, s'il y a lieu, un logement pour chaque adjointe.

I. — EMPLACEMENT.

ART. 1. Le terrain destiné à une école maternelle et enfantine doit être central, dans de bonnes conditions d'aération, d'un accès facile et sûr, éloigné de tout établissement bruyant, insalubre ou dangereux, à 100 mètres au moins des cimetières.

ART. 2. Une partie de ce terrain sera consacrée à un jardin d'isolement entre la voie publique et les bâtiments de l'école.

ART. 3. Le sol, s'il est humide, sera assaini par un drainage.

ART. 4. L'étendue superficielle du terrain, y compris le jardin d'isolement et le jardin des enfants, sera évalué à raison de 8 mètres au moins par élève; il y aurait avantage à prendre 10 mètres, et la surface totale ne devra en aucun cas être inférieure à 500 mètres.

ART. 5. La disposition des bâtiments sera déterminée suivant le climat de la région, en tenant compte des conditions hygiéniques, de l'exposition, de la configuration et des dimensions de l'emplacement, des ouvertures libres sur le ciel et surtout de la distance des constructions voisines.

ART. 6. Même quand l'école maternelle et enfantines fera partie d'un groupe scolaire, l'isolement complet est nécessaire.

II. — PRESCRIPTIONS GÉNÉRALES.

ART. 7. Tous les locaux à l'usage des enfants seront situés au rez-de-chaussée et toutes les parties en seront de plain-pied. Ce rez-de-chausssée sera exhaussé de trois marches de $0^m,15$ au-dessus du niveau extérieur.

ART. 8. Aucun service étranger ne pourra être installé dans les bâtiments de l'école.

ART. 9. On se servira des ouvertures libres sur le ciel d'abord pour l'éclairage des classes dont toutes les parties doivent recevoir le jour direct.

ART. 10. Pour donner à toutes les parties de l'établissement le plus possible d'air, de lumière et de soleil, on ne devra établir en murs que les parties strictement nécessaires, et le reste des surfaces murales sera consacré à de larges fenêtres.

Art. 11. Les plafonds seront plans et unis. Il n'y aura pas de corniches.

Art. 12. Dans toute l'école et ses dépendances les angles formés par la rencontre des murs latéraux avec les cloisons et les plafonds seront remplacés par des surfaces concaves d'un rayon de $0^m,10$ au moins.

Art. 13. Tous les parements intérieurs seront recouverts d'un enduit lisse permettant de fréquents lavages.

Les couleurs recommandées pour les enduits, tant au point de vue de l'hygiène qu'à celui de l'agrément, sont, pour les murs, le gris-perle additionné d'un peu de vert métis et pour toutes les boiseries le brun Van Dyck additionné de laque.

Art. 14. Le sol sera parqueté en bois de chêne ou du moins en bois dur. S'il n'est pas sur caves, le plancher sera posé sur petites voûtes aérées, ou tout au moins sur une plate-forme ou couche de matériaux imperméables.

Art. 15. A l'exception de la porte d'entrée et de celles qui pourraient être indiquées ultérieurement, toutes les portes seront de préférence à un seul vantail et auront $0^m,90$ de largeur.

Art. 16. On aura soin d'établir les portes sans opposition directe, de manière à éviter les courants d'air au moment du passage.

Art. 17. Il est recommandé d'éviter les couloirs et galeries qui provoquent des courants d'air souvent dangereux.

Art. 18. Les fenêtres seront de préférence rectangulaires. La distance entre le dessus du linteau et le dessous du plafond sera de $0^m,20$ au maximum. L'appui, taillé en glacis sur les deux faces, ne sera pas à plus d'un mètre du sol.

Art. 19. Les châssis des fenêtres seront partagés en deux parties, la partie inférieure, de hauteur égale aux 3/5 de la hauteur totale, s'ouvrira à battants; la partie supérieure sera formée de panneaux mobiles s'ouvrant soit à charnières, soit à bascule; le dernier mode est préférable lorsqu'il fonctionne bien, en ce qu'il permet de tenir le vasistas ouvert même pendant la pluie.

Art. 20. Des stores doivent être établis à chaque fenêtre; ils seront en étoffe unie, de ton légèrement vert ou bleu. Les rayures ne doivent jamais être employées.

Ces stores doivent se déployer de bas en haut afin de laisser dans la partie supérieure circuler librement l'air et la lumière.

Art. 21. On installera dans chaque salle un poêle pourvu d'un réservoir d'eau avec surface d'évaporation. Ce poêle sera garni d'une double enveloppe métallique pleine, ou d'une enveloppe en terre cuite. Il sera entouré d'une grille en fer et ne contiendra ni four, ni chauffe-plats.

Le poêle en fonte à feu direct est interdit.

Le tuyau de fumée ne devra, en aucun cas, passer au-dessus de la tête des enfants.

Les élèves ne pourront être placés à une distance du poêle moindre de $1^m,25$.

Art. 22. Un thermomètre, au moins, sera placé dans chaque salle à la hauteur de la taille d'un enfant et aussi éloigné du poêle que possible. Il y aurait avantage à placer un second thermomètre à un mètre environ du poêle. La température moyenne ne devra jamais être inférieure 15°, et, en cas de chauffage artificiel, jamais supérieure à 17°.

Art. 23. Des dispositions seront prises pour assurer, concurremment avec le chauffage, une ventilation convenable de toutes les parties de la salle.

Les orifices d'accès de l'air pur, qui devra être pris immédiatement à l'extérieur, et les orifices d'échappement de l'air vicié auront une section suffisante pour prévenir les obstructions.

III. — Salles d'exercices.

Art. 24. Suivant le nombre d'enfants qu'elle doit recevoir, l'école maternelle et enfantine comprend une, deux ou trois salles de classe. Jusqu'à 5o enfants, une classe unique peut suffire. Au-dessus de 5o et jusqu'à 1oo enfants, deux salles de classe seront installées, dont l'une partagée en deux parties.

Au-dessus de 1oo enfants, il devra y avoir trois classes bien distinctes.

Dispositions communes aux salles d'exercices.

Art. 25. Les salles d'exercices seront de forme rectangulaire. Leur surface sera calculée de façon à assurer à chaque enfant un minimum de 1 mètre.

La hauteur sous plafond sera de 4 mètres; la largeur maximum, de 7 mètres. Elles seront disposées de manière que les enfants ne reçoivent jamais le jour de dos, de face ni de plafond.

Dans les murs de droite et de gauche, les jours seront largement pratiqués, et la largeur des trumeaux sera réduite autant que possible, conformément à l'article 1o des prescriptions générales.

Art. 26. Les salles d'exercice seront construites d'après les prescriptions des articles 9 à 23 inclus qui précèdent.

Sur une hauteur de 1 mètre environ, le revêtement devra être en boiserie ou en mortier à prise lente. Les portes donnant directement des salles d'exercices sur l'extérieur (rues, chemins ou cours) sont interdites.

1° Écoles à une seule classe.

Art. 27. La salle de classe unique sera disposée comme suit :

1° A l'entrée de la classe, un espace libre et horizontal d'au moins deux mètres;

2° A la suite de cet espace, un plancher incliné de 8 centimètres pour mètre, comprenant les deux tiers de la surface restant libre;

3° A l'extrémité supérieure du plan incliné, une partie horizontale. (Voir coupe A.)

Coupe A.

2° *Écoles à deux classes.*

ART. 28. Dans les écoles à deux classes, les deux salles, ne pouvant être contiguës, seront, autant que possible, situées chacune d'un côté du préau, avec lequel elles seront en communication directe.

Si les dimensions du terrain s'opposaient à l'exécution de l'article ci-dessus, on aurait soin de disposer les salles de classe de manière à isoler aussi complètement que possible la salle destinée à la classe enfantine de la seconde salle. La disposition relative à la communication directe des classes avec le préau sera toujours observée.

ART. 29. La salle destinée au premier et au deuxième degrés aura la distribution suivante :

1° A l'entrée, un espace libre et horizontal comprenant la moitié de la surface totale de la classe;

2° Un plan incliné de $0^m,08$ par mètre comprenant les 3/4 de l'espace restant libre;

3° A la surface supérieure de ce plan incliné un espace horizontal. (Voir coupe B.)

Coupe B.

ART. 30. La salle destinée à la classe enfantine sera horizontale dans toute son étendue et disposée comme une salle de classe primaire.

1° *Écoles à trois classes.*

Art. 31. Dans les écoles à trois classes, la salle destinée à la classe enfantine sera isolée selon les prescriptions de l'article 24.

La salle du 1er degré et celle du 2e degré pourront être contiguës.

Art. 32. La salle du 1er degré destinée aux plus jeunes enfants sera horizontale dans toute son étendue.

Art. 33. La salle destinée au 2e degré sera disposée comme suit :

1° A l'entrée, un espace horizontal d'au moins 2 mètres;

2° Un plan incliné à 0^m,08 par mètre;

3° A la partie supérieure, au plan incliné, un espace horizontal d'au moins 1^m,50 centimètres. (Voir coupe C.)

Coupe C.

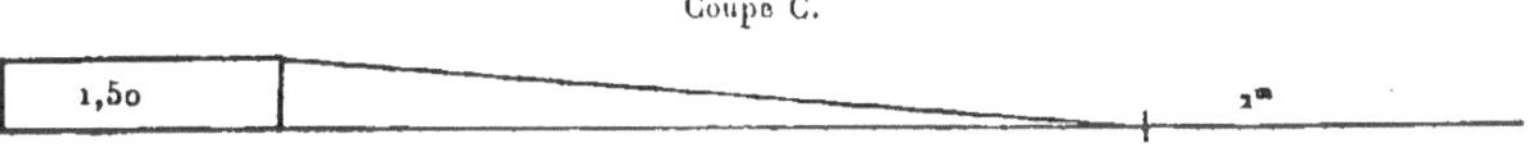

Art. 34. Lorsque les deux classes seront contiguës, il sera bon, outre la porte de passage placée à l'une des extrémités de la cloison, d'établir dans le milieu de cette cloison une large porte à deux battants permettant de réunir en cas de besoin les deux salles.

En pareil cas, la partie contiguë au préau sera horizontale, réservée au 1er degré et comprenant 1/3 de la longueur totale des deux salles. L'entrée de la salle du 2e degré se fera par la salle du 1er degré; la disposition en sera toujours conforme aux prescriptions de l'article 29.

IV.

Préau. — Vestiaire. — Lavabos. — Lits de repos.

Art. 35. La surface du préau sera de 0^m,80 environ par élève; la hauteur, de 4 mètres sous plafond.

Le préau sera construit conformément aux prescriptions des articles 10 à 23 inclus qui précèdent.

Art. 36. Dans l'une des extrémités du préau, à proximité des personnes chargées de la surveillance, on s'efforcera de ménager un retrait muni de fenêtres à aération, et dans lequel seront placés deux lits de camp en bois destinés aux enfants qui se trouvent indisposés dans la journée.

Si ce retrait ne pouvait être ménagé, on établirait dans le préau, à l'aide de cloisons de $1^m,50$ de hauteur, un isolement où les lits de camp soient bien à l'abri des courants d'air.

Art. 37. Le mobilier comprendra, outre les lits de camp :

Des portemanteaux pour les vêtements et des rayons à claire-voie disposés le long des parois ;

Des bancs fixes avec dossiers établis au pourtour ;

Des tables et des bancs, ou mieux des tables-bancs mobiles pour les repas des enfants.

Art. 38. Des lavabos seront installés à l'extrémité du préau la plus éloignée des classes et la plus rapprochée des portes de communication avec les cours, le jardin et les privés. La partie réservée aux lavabos sera fermée par une claire-voie de $1^m,20$ de hauteur, avec portes d'entrée et de sortie.

La hauteur des cuvettes au-dessus du sol ne dépassera pas $0^m,50$. Il y en aura une par dix enfants.

Le sol de cette partie du préau sera carrelé, cimenté, dallé ou bitumé.

V. — Cuisine.

Art. 39. La cuisine devra être en communication facile avec le préau.

Elle prendra l'air et le jour directement de l'extérieur.

Le sol sera carrelé, dallé ou cimenté.

Art. 40. Le fourneau sera disposé de manière à pouvoir

chauffer en même temps que les aliments une certaine quantité d'eau.

Cette eau sera conduite dans un réservoir établi dans une petite salle contiguë à la cuisine et destinée au lavage en pied des enfants.

Cette salle prendra le jour et l'air directement de l'extérieur ; les parois seront peintes comme celles du reste de l'établissement ou mieux revêtues de faïence.

Le sol sera bitumé ou cimenté avec une inclinaison assez forte pour écouler rapidement l'eau ; on pourra le revêtir d'une claie.

Le lavage se fera à volonté dans des baignoires ou par une aspersion à eau tiède pendant laquelle l'enfant sera entièrement frictionné.

Le thermomètre doit être placé à la hauteur de l'épaule d'un enfant ; la température de cette salle ne doit pas être supérieure de plus d'un degré à celle des autres salles de l'établissement.

VI. — Cour de récréation. — Jardin.

Art. 41. La surface de la cour de récréation sera calculée à raison de 3 mètres environ par enfant ; elle ne pourra avoir toutefois moins de 150 mètres.

Le sol sera sablé. Le bitume, le pavage et le ciment ne pourront être employés que pour les passages et les trottoirs.

Les passages et les trottoirs ne feront jamais saillie.

Dans le cas où le terrain serait en déclivité, la pente ne devra pas dépasser $0^m,03$ par mètre.

Le nivellement du sol sera établi de façon à assurer l'écoulement des eaux.

Les eaux ménagères ne devront jamais traverser la cour à ciel ouvert.

Art. 42. La cour de récréation sera plantée d'arbres placés à distance convenable des bâtiments et disposés de façon à ménager l'espace nécessaire aux exercices et aux jeux des enfants. Des plantes grimpantes et autres pourront être cultivées tout autour. Une fontaine d'eau potable sera installée dans la cour.

Des bancs en bois, à lames et à dossier seront établis au pourtour. Ces bancs ne devront pas avoir plus de $0^m,10$ de hauteur.

Art. 43. A l'une des extrémités de la cour, sous un abri, sera installée une auge à modelage en briques revêtues de ciment.

Cette auge sera remplie de sable de grès toujours tenu humide, un drainage sera installé dans le fond de l'auge pour enlever l'excès d'eau. (Voir le plan.)

Art. 44. Dans les écoles à deux classes, outre la cour de récréation et de l'autre côté du préau couvert, un jardin sera aménagé spécialement pour les enfants. Ce jardin contiendra :

1° Des plantes alimentaires (graminées, légumineuses, arbres fruitiers, etc., etc.);

2° Des plantes servant à l'industrie, spécialement celles de la région, et les plus usitées parmi les autres ;

3° Des échantillons de plantes nuisibles ;

4° Des plantes d'agrément ;

5° Un aquarium contenant les plantes aquatiques les plus communes et quelques espèces de poissons ;

6° Une volière.

Des instruments faciles à manier seront mis à la disposition des enfants pour leur faire travailler la terre sous la direction d'une maîtresse, soit avant ou après les classes, soit pendant les récréations.

VII. — Privés.

Art. 45. Toute école maternelle et enfantine devra être munie de privés distincts pour chaque sexe et d'urinoirs pour les garçons. Les privés et les urinoirs seront mis en communication par un abri avec le préau ou les salles de classe.

Art. 46. Les privés et les urinoirs seront disposés de façon que les vents régnants ne rejettent pas les gaz dans les bâtiments ni dans la cour.

La partie supérieure dans tout le pourtour sera formée de lames en persiennes facilitant l'échappement des gaz par en haut. Ces persiennes seront toujours établies au-dessus du toit-abri.

Les privés seront divisés par cases. Il y aura une case pour quinze enfants environ.

Chaque case aura $0^m,55$ de largeur sur $0^m,80$ de profondeur.

Entre la partie inférieure de la séparation et le sol, il y aura toujours un vide de $0^m,15$ à $0^m,18$ pour faciliter l'aération et le nettoyage.

Art. 47. La cuvette sera de forme oblongue et munie d'un appareil obturateur.

Le siège sera en pierre ou ciment et tout autour incliné vers l'orifice ; il fera au-dessus du sol une saillie de $0^m,20$ au plus ; la partie antérieure présentera une solution de continuité de $0^m,08$ environ.

Le siège sera recouvert d'une lunette mobile en bois ciré, laquelle sera adaptée au siège chaque fois qu'un enfant devra s'y poser.

La partie antérieure de cette lunette présentera, comme le siège, une solution de continuité de $0^m,08$.

La forme de l'orifice sera aussi nécessairement oblongue ; les dimensions seront environ de $0^m,14$ pour la largeur, $0^m,20$ en tout pour la longueur.

Art. 48. Les urinoirs seront en nombre au moins égal à celui des privés.

Les cases auront environ $0^m,35$ de largeur, $0^m,25$ de profondeur et $0^m,70$ de hauteur.

Art. 49. Les parois et le sol des privés et des urinoirs seront en matériaux imperméables, de préférence revêtus de faïence. Tous les angles seront arrondis.

Une pente sera ménagée pour l'écoulement des liquides vers le siège avec ouverture et échappement au-dessus de la fermeture de l'appareil obturateur. Un service d'eau sera établi pour le nettoyage.

Une claie mobile en bois pourra être mise au moment du service devant chaque siège pour éviter que les enfants se mouillent les pieds.

Art. 50. Les fosses seront fixes ou mobiles.

Les fosses mobiles, quel que soit le système de vidange adopté, seront préférées toutes les fois qu'il sera possible de les établir; elles seront pourvues d'un ventilateur.

Les fosses fixes seront de petite dimension, sans jamais avoir toutefois moins de 2 mètres de long, de large et de haut.

Elles seront voûtées, construites en matériaux imperméables et enduites de ciment.

Elles seront étanches et le fond sera disposé en forme de cuvette; les angles extérieurs seront arrondis sur un rayon de $0^m,25$.

Elles seront établies loin des puits.

Elles seront munies d'un tuyau d'évent qui sera élevé au-dessus de la toiture des privés aussi haut que l'exigera la disposition des constructions voisines.

Art. 51. Les urinoirs et les privés n'auront pas de fermeture.

Ils seront masqués par un treillage de jardin établi à $0^m,90$ du bord des cases, garni de plantes grimpantes, surtout de lierre, et s'élevant jusqu'au toit de l'abri.

AMÉNAGEMENT DES SALLES DE CLASSE.

I. — DISPOSITIONS COMMUNES.

ART. 1. L'ameublement de chacune des salles de classe se compose nécessairement :

1° D'une simple table munie de tiroirs pour la maîtresse ;

2° D'une ou plusieurs chaises ;

3° D'une armoire ordinaire (modèle n° 1) ou d'un placard réservé aux livres et aux objets à l'usage de la maîtresse ;

4° D'une armoire à vitrine (modèle n° 2) pouvant contenir les provisions de matériel et les travaux des enfants conservés à titre de collections ;

5° D'une armoire basse et vitrée réservée exclusivement aux objets de démonstration, au musée scolaire, aux échantillons divers et aux mesures métriques ;

6° D'un tableau ardoisé pour la démonstration, autant que possible mobile ou à volets ; l'une des faces sera quadrillée ;

7° De tableaux ardoisés à l'usage des enfants. Ces tableaux seront posés sur le revêtement dans tout le pourtour de la classe ;

8° D'une horloge ;

9° De tables et de bancs pour les enfants. Ces tables et ces bancs seront mobiles pour les enfants de la 1re section. Les enfants de la 2e et de la 3e section auront les tables-bancs fixées au sol.

ART. 2. Les tables mobiles destinées aux enfants de la 1re section sont horizontales.

Elles ont au plus 2 mètres de longueur.

La hauteur doit être de $0^m,42$; la largeur de $0^m,40$ environ.

Le bâti de la table ne doit pas avoir plus de o^m,o8 de hauteur.

ART. 3. Les bancs également mobiles destinés aux enfants de cette section doivent être en bois dur.

La hauteur du siège ne doit pas être de plus de o^m,20 ; la largeur doit être de o^m,22 ; ce siège doit présenter d'avant en arrière une inclinaison de 6 à 7 degrés.

Le dossier doit avoir o^m,18 environ de hauteur à partir du siège et être légèrement incliné en arrière (3 à 4 degrés). Il doit être formé d'une barre de bois de o^m,o8 de large, soutenue par des montants.

ART. 4. Les tables-bancs destinées aux enfants de la 2e et de la 3e section doivent remplir les conditions suivantes :

1° N'avoir jamais plus de deux places à bancs et à dossier continus ;

2° Permettre à l'enfant assis dans la table-banc d'avoir le corps droit, la cuisse légèrement inclinée d'avant en arrière, la jambe verticale, les pieds posés à plat ;

3° Offrir d'une part une surface horizontale pour les jeux Frœbel et les travaux manuels, d'autre part une surface inclinée à 15 degrés au moins pour les exercices de dessin et d'écriture ;

4° Présenter une tablette pouvant d'une part se rapprocher assez de l'enfant pour que celui-ci n'ait jamais à quitter la position normale et à s'incliner en avant pendant aucun des exercices, d'autre part s'écarter assez pour que les mouvements d'entrée ou de sortie soient toujours faciles ;

5° Laisser de l'aisance pour le balayage sous la table et autour des pieds.

6° Ne présenter que des arêtes abattues [1].

---

[1] En conséquence, la Société a établi pour servir de type un modèle d'après les données suivantes :

1° Pieds de bancs et de tables pouvant être montés une fois pour toutes à hauteurs variables, ces hauteurs devant être fixées dans chaque localité d'après

Art. 5. Les dimensions des tables-bancs seront basées sur trois types principaux : petit, moyen, grand.

On répartira ces types dans les deux sections, selon la taille moyenne des enfants de la localité. En général on mettra dans la 2ᵉ section des tables du petit et du moyen type, et dans la 3ᵉ, des tables du moyen et du grand type.

Art. 6. Les tables-bancs doivent être placées d'après les règles suivantes :

1° Les tables-bancs sont distribuées par rangées en longueur, avec une distance d'au moins 0ᵐ,10 entre le bord de la table et le banc précédent.

2° Les rangées sont séparées par un passage d'au moins 0ᵐ,60 ; entre les tables et le mur, le passage sera d'au moins 0ᵐ,75 ;

3° En aucun cas les tables ne pourront être placées contre le mur.

Art. 7. La décoration des salles de classe sera composée exclusivement :

1° De plantes vertes naturelles ;

2° De tableaux passe-partout où l'on insérera les meilleurs travaux exécutés par les enfants ;

3° De tableaux passe-partout où l'on insérera les images faisant partie des collections de l'école. Les objets ainsi encadrés doivent être renouvelés fréquemment ;

4° Des cartes murales.

---

trois types suivant la taille moyenne des enfants pour obtenir la position exigée, siège légèrement incliné d'avant en arrière; dossier de 8 centimètres.

2° Tablette mobile pouvant s'incliner et se redresser à volonté, selon l'exercice du moment, à l'aide d'un simple mouvement produit par l'enfant même.

3° Cette même tablette s'approchant et s'éloignant à volonté dans chaque position.

4° **Tous** les pieds en fonte fixés au plancher sans aucune épaisseur.

5° Tablette en hêtre ou pitchpin avec coins arrondis.

5° De reproductions (moulages) d'œuvres artistiques propres à développer le goût du beau chez les enfants [1].

Art. 8. Le matériel d'enseignement pour l'école tout entière comprend nécessairement :

* 1° Une collection d'objets usuels;

* 2° Une collection d'images;

* 3° Une collection de mesures métriques.

4° Une carte murale de la France pour la 3ᵉ section. Cette carte sera très simple, coloriée et muette. (Dans le cas où la salle de la 3ᵉ section serait distincte de celle de la 2ᵉ, il y aurait avantage à munir celle-ci d'une seconde carte de France.)

5° Un relief topographique de grande dimension;

6° Un globe terrestre très simple, autant que possible ardoisé;

* 7° Un matériel complet pour jeux Frœbel et travaux manuels, à raison d'une collection au moins pour six enfants;

8° Des ardoises, autant que possible blanc jaune, quadrillées d'un côté, et à raison d'une au moins pour deux enfants;

9° Des instruments de jardinage (bêche, pioche, râteau, etc.) à raison d'une collection au moins pour cinq enfants;

* 10° Des jouets (balles, cerceaux, etc.);

11° Un diapason pour chaque salle de classe;

12° Un cadran pour la démonstration de l'heure;

13° Un appareil pour la démonstration des couleurs et des nuances.

Art. 9. Les collections marquées d'un astérisque sont à répartir entre les trois degrés; une armoire spéciale sera affectée

---

[1] Une notice particulière sera consacrée aux questions de décoration dans l'école maternelle.

à chacun de ces degrés, sauf à faire en cas de besoin un emprunt à la section voisine.

Art. 10. Une carte d'Europe, une collection de petits appareils pour la démonstration des couleurs à l'usage des enfants seraient joints avec avantage au matériel d'enseignement.

II. — Dispositions spéciales à chaque salle de classe.

1° Écoles à une seule classe.

Art. 11. 1° Dans l'espace libre et horizontal réservé en avant du plan incliné seront placés une table et une chaise pour la maîtresse, le poêle et les objets de démonstration;

2° Sur le plan incliné seront placées les tables-bancs; l'un des côtés sera destiné à la 2ᵉ section, l'autre côté à la 3ᵉ section; la hauteur des tables-bancs sera calculée en conséquence (voir les principes spéciaux). En aucun cas les tables-bancs ne pourront être placées contre le mur.

Dans l'espace libre et horizontal situé à la partie supérieure du plan incliné seront placés des tables et des bancs mobiles pour les enfants de la 1ʳᵉ section.

Les tableaux muraux ardoisés seront placés dans cette salle à 0ᵐ,50 environ du sol et auront 0ᵐ,50 au plus de hauteur.

2° Écoles à deux classes.

Art. 12. Dans les écoles à deux classes, la salle destinée à la classe enfantine sera disposée comme une salle de classe primaire.

Les tables-bancs seront placées conformément aux prescriptions de l'article 6.

Les tableaux ardoisés seront placés à 0ᵐ,55 environ du sol.

Art. 13. La salle destinée au 1ᵉʳ et au 2ᵉ degré sera aménagée comme suit :

Dans l'espace libre et horizontal en avant du plan incliné seront placés :

1° Des tables et des bancs mobiles pour les enfants du 1er degré;

2° Les armoires contenant le matériel affecté à cette section;

3° Au pied du plan incliné, la table et le siège de la maîtresse.

Le poêle sera placé, autant que possible, contre l'une des parois vers le centre de la salle, sur la même ligne que la table de la maîtresse.

Sur le plan incliné, des tables-bancs pour les enfants du 2e degré seront fixées conformément aux prescriptions de l'article.

Sur la partie horizontale supérieure seront placées les armoires renfermant le matériel affecté à cette section.

Les tableaux ardoisés revêtant le pourtour de la salle de classe seront placés :

Pour la partie réservée à la 1re section, à 0^m,45 au moins du sol;

Pour la partie réservée à la 2e section, à 0^m,50 au moins du sol.

Les tableaux de démonstration, et, s'il y a lieu, les cartes, seront placés en face des enfants du 2e degré, c'est-à-dire sur la paroi faisant face au plan incliné. (Voir le plan.)

3° *Écoles à trois classes.*

ART. 14. L'aménagement des écoles à trois classes est le même que celui des écoles à deux classes; la séparation des deux parties de la salle du 1er et du 2e degré en constituent la seule différence. (Voir le plan.)

IMPRIMERIE NATIONALE. — Janvier 1886.

Fascicule n° 7.

Schola aquitanica : *Programme d'études du collège de Guyenne au xvi* *siècle,* réimprimé avec une préface, une traduction française et des notes, par L. Massebieau. Un volume in-8°. Prix............ 1ᶠ 80ᶜ

Fascicule n° 8.

Instruction spéciale sur l'enseignement du travail manuel dans les écoles normales d'instituteurs et les écoles primaires élémentaires et supérieures. Un volume in-8°, imprimé à l'Imprimerie nationale. Prix...................................... 70 cent.

Fascicule n° 9.

Projet d'instruction pour l'installation d'écoles enfantines modèles. Un volume in-8°, imprimé à l'Imprimerie nationale. Prix......... 1 fr.

Fascicule n° 10.

Le projet de loi sur l'organisation de l'enseignement primaire (1886), recueil de documents parlementaires relatifs à la discussion de cette loi au Sénat (1ʳᵉ *délibération*). Un fort volume in-8° de 586 pages. Prix....................................... 3 fr.

Fascicule n° 11.

Le projet de loi sur l'organisation de l'enseignement primaire (1886), recueil de documents parlementaires relatifs à la discussion de cette loi au Sénat (2ᵉ *délibération*). Un volume in-8° à paraître pro chainement.

MÉMOIRES
ET
DOCUMENTS SCOLAIRES
PUBLIÉS PAR LE MUSÉE PÉDAGOGIQUE.

Sous le titre de **Mémoires et documents scolaires**, le Musée pédagogique publie, à intervalles irréguliers, des travaux ou documents intéressant l'instruction publique à ses divers degrés. Les fascicules suivants ont déjà paru et sont en vente aux bureaux de la *Revue pédagogique*, librairie Ch. Delagrave, rue Soufflot, 15, à Paris :

Fascicule n° 1.

Le projet de loi sur l'organisation de l'enseignement primaire (1882-1884), recueil de documents parlementaires relatifs à la discussion de cette loi à la Chambre des députés. Un fort volume in-8° de xii-832 pages. Prix.................................... 6 fr.

Fascicule n° 2.

Une acquisition de la bibliothèque du Musée pédagogique : *Dialogus Jacobi Fabri Stapulensis in phisicam introductionem. Introductio in phisicam Aristotelis;* in-4°, imprimé en 1510 chez Jean Haller, à Cracovie. Étude bibliographique et pédagogique, par L. Massebieau. (Extrait de la *Revue pédagogique*, n° du 14 mai 1884). Une brochure in-8°. Prix.................................... 50 cent.

Fascicule n° 3.

Répertoire des ouvrages pédagogiques du XVI° siècle. (*Bibliothèques de Paris et des départements.*) Un volume in-8° de 700 pages, imprimé à l'Imprimerie nationale. Prix............................. 5 fr.

Fascicule n° 4.

Les sciences expérimentales dans l'enseignement primaire, par René Leblanc. (Extrait de la *Revue pédagogique*, n°ˢ du 15 février et du 15 mai 1883, et n° du 15 août 1885.) Une brochure in-8°. Prix. 80 cent.

Fascicule n° 5.

Compte rendu officiel du Congrès international d'instituteurs et d'institutrices, tenu au Havre du 6 au 10 septembre 1885. Un volume in-8°. Prix.................................... 2 fr.

Fascicule n° 6.

Règlements et programmes d'études des écoles normales d'instituteurs et d'institutrices. Un volume in-8°, imprimé à l'Imprimerie nationale. Prix.......................... 1ᶠ 25ᶜ

(Voir la suite au recto.)